LE PLÉBISCITE

DU SACRÉ-COEUR

Par le P. UBALD, de GRANDAZ

O. M. C.

CINQUIÈME ÉDITION

AUGMENTÉE D'UNE LETTRE DE M. PAUL FÉVAL

« C'est un des meilleurs discours que nous ayons entendus en faveur de l'Œuvre du Vœu national. »
(*Bulletin de l'Œuvre du Vœu national*, 10 juillet 1880.)

PARIS
SOCIÉTÉ GÉNÉRALE DE LIBRAIRIE CATHOLIQUE
VICTOR PALMÉ, DIRECTEUR GÉNÉRAL
76, RUE DES SAINTS-PÈRES, 76

M.DCCC.LXXXI

LE

PLEBISCITE

DU SACRÉ-CŒUR

IMPRIMATUR :

Parisiis, die 25 junii 1880.

F. Arsenius a Castello

O. M. C.

m.

**Se vend 0 fr. 50 au profit de l'Œuvre du Vœu
national.**

LE PLÉBISCITE

DU SACRÉ-COEUR

Par le P. URALD, de CHANDAY

O. M. C.

CINQUIÈME ÉDITION

AUGMENTÉE D'UNE LETTRE DE M. PAUL FÉVAL

« C'est un des meilleurs discours que nous ayons entendus en faveur de l'Œuvre du Vœu national. »
(Bulletin de l'Œuvre du Vœu national, 10 juillet 1880.)

PARIS
SOCIÉTÉ GÉNÉRALE DE LIBRAIRIE CATHOLIQUE
VICTOR PALMÉ, DIRECTEUR GÉNÉRAL
76, RUE DES SAINTS-PÈRES, 76

M.DCCC.LXXXI

LETTRE DE M. PAUL FÉVAL

On lit dans l'*Univers* (1) :

Sous ce titre : le *Plébiscite du Sacré-Cœur*, le P. Ubald, de l'ordre des capucins, vient de publier un opuscule d'un rare intérêt et d'une haute portée. Il nous a valu une éloquente lettre de M. Paul Féval au R. P. Rey, supérieur de la chapelle de Montmartre. On nous saura gré de la publier intégralement :

Cher révérend Père,

Merci de m'avoir envoyé l'allocution du P. Ubald, intitulée : le *Plébiscite du Sacré-Cœur*; je l'ai lue avec d'autant plus d'avidité que je venais d'achever les *Trois Frances*, du même auteur, ce beau livre à propos duquel Mgr Freppel a écrit : « Je n'en connais pas un où les questions actuelles soient traitées avec plus d'ampleur! »

Les « questions actuelles » en effet, embrouillées et

1. Nº du 1er septembre 1880.

obscurcies par le ténébreux labeur des ennemis de Dieu, y sont vues de bien haut, avec l'œil de la charité, de la foi et de la science. Et c'est un temps singulier assurément que celui où les capucins peuvent ainsi se mettre en bouche la propre langue du monde, j'entends la langue la plus littéraire du monde le plus raffiné, pour fulminer des vérités si fort au-dessus du monde et de ses littératures.

Le *Plébiscite du Sacré-Cœur* ne plaide pas une cause nouvelle ; nous avons tous émis et soutenu selon nos forces cette idée, qui s'impose de plus en plus aux franches intelligences, à savoir que notre pays, divisé, morcelé déplorablement par les dissidences politiques, ne peut retrouver que dans le sentiment religieux, c'est-à-dire dans le Cœur même de Dieu, la cohésion nécessaire, l'*unité* non seulement désirable, mais indispensable, qui est la raison de sa gloire comme la condition de son existence.

Mais si le *Plébiscite du Sacré-Cœur* n'a pas inventé cette thèse, qui contient en soi notre prospérité, plus que cela, notre vie même et le total de nos espérances, il l'expose du moins en très peu de paroles avec une magistrale clarté, et prodigue à la soutenir des éloquences victorieuses.

Le P. Ubald n'est pas un théocrate raisonnant comme on rêve : il ne demande point que l'Évangile soit notre loi immédiate, le code usuel de nos droits et de nos devoirs dans la vie d'affaires ; mais il veut que notre imperfection prenne conseil de la perfection divine et que l'Évangile « soit la loi de notre loi (1) ». La France est faite d'une immense majorité de catholiques ; « elle a été politiquement et civilement chrétienne dès qu'elle a commencé d'être (2) », puisqu' « elle est née chrétienne

1. P. 28.
2. P. 29.

de l'acte de foi de Clovis au champ de bataille de Tolbiac ».
Bien plus, « elle est la fille aînée du Cœur de Jésus, puisque le Christ l'a choisie entre toutes les nations pour
faire d'elle le premier royaume ayant une constitution,
une organisation et une législation chrétiennes (1) ».

Or, il y a des Français qui mentent à cette admirable
origine et répudient le berceau divin de leur nationalité;
ceux-là veulent oublier les gloires de la vieille patrie,
qui fut si longtemps la reine des peuples ; leur révolte
contre la Providence a seule produit les hontes et les
deuils de nos cent dernières années ; cela ne leur suffit
pas : ils en arrivent à tailler effrontément deux patries
dans la commune patrie (ce sont eux qui le disent), *deux
Frances*, dont l'une entend opprimer l'autre avant de
l'exterminer.

L'œuvre du P. Ubald est de placer Dieu entre ces deux
Frances ennemies et prêtes à en venir aux mains. Il
veut prévenir la bataille prochaine et qui s'annonce si
acharnée; il a peur, non point pour lui-même ou ceux
de sa sorte, qui sont toujours préparés à souffrir et à
mourir, mais pour l'autre France, celle des violents, qui
a tous ses intérêts et tous ses espoirs sur la terre. Cette
France est pour lui non seulement la sœur, mais la
fille de la vieille France glorieuse, fille égarée, fille dé-
naturée, fille obstinément bien-aimée,

Il a profondément souci d'empêcher la lutte parricide,
et comme il ne découvre point, aussi loin que ses re-
gards puissent se porter, un terrain social ou politique
assez large pour qu'il soit possible d'y convoquer les
trente-cinq millions de votants dont le suffrage universel formerait l'immense scrutin, seul compétent pour
décider entre la paix ou la guerre, il élève sa pensée, il
cherche et choisit le forum où s'agiteraient pacifique-

1. P. 29.

ment les assises populaires, au-dessus du monde et de ses étroits niveaux, au-dessus des villes, au-dessus des campagnes, au-dessus de tout.

Il y a au sommet de Montmartre, la colline historique qui est le trait saillant de la physionomie de Paris, une petite chapelle, bâtie pour obéir à la loi, votée en 1873 par les députés de la France. Son regard s'est arrêté là. La petite chapelle a peine à contenir 600 fidèles, et pourtant, l'œil du capucin qui s'y connaît, n'a rien trouvé de plus vaste sur toute la surface de notre territoire. Il l'a jugée capable d'abriter la patrie tout entière, puisqu'elle renferme le Cœur de Jésus, mille fois plus grand que le monde. Son livre le dit : c'est cette chapelle qui sera l'urne où les Français ennemis de cette imagination malsaine : la France disséquée en deux tronçons, amis, au contraire, amis passionnés de notre histoire, de notre gloire, de notre superbe unité nationale, viendront en foule déposer leurs bulletins patriotiques.

Est-ce un rêve? Il serait beau et consolant dans des proportions grandioses; mais ce n'est pas un rêve. Rien n'est rêve de ce qui monte à Dieu. Le P. Ubald démontre, et c'est là le côté vraiment entraînant de son livre, que le Plébiscite du Sacré-Cœur, c'est-à-dire le scrutin destiné à proclamer le sentiment de la France qui veut garder son Dieu et l'unité de la patrie, est œuvre aussi pratique que facile.

Qu'est-ce que c'est qu'un plébiscite? Le Dictionnaire de M. Littré répond : « Une résolution soumise à l'approbation du peuple. » Le plébiscite rendu est donc le verdict du peuple qu'on a fait juge. Si la question est politique, les hommes seuls placés dans de certaines conditions déterminées par la loi ont le droit de voter; mais si la question est toute religieuse ou de sentiment, il est clair que le mot *peuple* reprend son sens le plus

large, et que chaque cœur recouvre la faculté naturelle
d'exprimer valablement son vœu, aussi bien le cœur des
femmes que celui des adolescents. On trouve du reste
comme un reflet de ce juste désir dans les procès-ver-
baux de tous les congrès ouvriers, tenus soit à Paris,
soit à Lyon, soit à Marseille. Au milieu d'une foule de
théories insensées, la vérité se fait jour sur ce point, et
jaillit de la bouche même des énergumènes, qui se demandent malgré eux pourquoi, dans le fracas des
« émancipations » réclamées de toutes parts, le prolixe
bavardage de nos faiseurs de lois ne parle jamais
d'*émanciper* les suffrages de leurs femmes, de leurs
sœurs et de leurs mères. L'un d'eux répondait (à Lyon,
je crois) : « Les avocats ne donneront jamais rien aux
femmes, sinon le divorce et la misère ! »

Dans le Plébiscite du Sacré-Cœur, quelle est la question à poser au peuple? Qui la posera? Comment sera-
t-elle posée? Devant qui la posera-t-on?

Selon le P. Ubald, la question à poser est nette. On
demandera à tous les Français, à tous sans exception :
« Voulez-vous tuer Dieu, oui ou non? »

Qui demandera cela?

Le Sacré-Cœur.

Comment?

Par les pierres de son temple.

Devant qui?

Devant Dieu et devant l'univers créé par Dieu.

Une fière éloquence (1), que nos Assemblées délibé-
rantes ont chassée de leur sein parce qu'elle leur faisait
honte, disait dernièrement (2) : « Il n'est pas une pierre
de nos temples qui ne soit le vote d'une légion, il n'est pas

_____

1. M. DE BELCASTEL.
2. Le 22 mai 1880, à l'assemblée générale des catholiques, à
Paris.

un signe religieux sur la tombe de nos morts qui ne soit
le suffrage d'une tribu fidèle… La croix d'or qui pend au
cou de nos filles ou qui se fixe au cœur de nos braves
est un témoin immortel du règne libre de Jésus-Christ
sur l'âme libre du peuple français. »

Que parlent-ils, ceux qui trompent l'ignorance affolée
ou qui effrayent l'argent poltron, que parlent-ils de leur
suffrage universel, exprimé par quelques milliers de
votes arrachés ou altérés? « Le vrai suffrage, disait encore M. de Belcastel (1), il les écrase par son démenti.
C'est lui qui, répété chaque jour durant quatorze siècles, par la vie ou la mort des multitudes, porté jusqu'aux extrémités de l'univers par la parole ou l'épée de
tant de héros, proféré dans la langue des lettres et des
arts par la voix de tant de génies, c'est lui, le vrai
suffrage universel (celui-là et non pas un autre!), qui,
après Dieu, a sacré la France chrétienne et catholique
pour toujours. »

A ce point de vue sincère, éclatant, indéniable, on
peut dire que la question se pose d'elle-même, ou plutôt qu'elle est posée en permanence à chaque page de
notre histoire, à chaque heure passée ou présente de
notre vie nationale. La société secrète non autorisée qui,
... nous, s'est emparée du pouvoir à la faveur de nos
stres, la franc-maçonnerie, malgré l'impiété de ses
escamotages électoraux, ne réunit dans le pays qu'une
minorité très infime. L'Internationale, plus puissante et
surtout plus avisée, la pousse en avant et la cueillera
dès que les marrons cuits seront tirés du feu; mais ni
l'une ni l'autre ne sont pour durer, parce que ni l'une ni
l'autre ne constituent la France.

Ce sont deux cohues d'ambitieux et de révoltés, armés pour la satisfaction de leurs convoitises. Elles sont
divisées profondément, non seulement entre elles, mais

1. P. 54.

à l'intérieur d'elles-mêmes, en des multitudes d'égoïsmes implacables, combattant l'un près de l'autre, mais sans lien entre eux, et où chaque individu perce son trou à travers la forêt sociale : son propre trou, qui mène à sa propre fortune. Parlez-leur de charité, si vous voulez provoquer les éclats avinés de leur rire! Parlez-leur de patriotisme, ils vous répondront que c'est l'art d'insulter le clergé, la magistrature et l'armée!

Oh! certes, ils ne sont pas la France, cette mère glorieuse qui aime, entre tous ses enfants, les vivants instruments de sa gloire : ses prêtres inspirés, ses magistrats admirables et ses héroïques soldats. Le Plébiscite du Sacré-Cœur, tel que nous l'entendons, n'est ni une conspiration, ni une machine de guerre. La politique ne nous regarde pas. Nous voyons au-dessus de la politique.

Nous voulons que la vraie France renaisse, et se reconnaisse, et se dénombre en affirmant sa volonté d'être libre dans l'amour de son Dieu. Le reste viendra par surcroît, car cette France rédivive jettera incessamment vers son Dieu le cri enseigné par Dieu même : *Adveniat regnum tuum*

Voilà ce que prêche le P. Ubald dans ses belles pages trop courtes, voilà son *Plébiscite du Sacré-Cœur* que je voudrais, si j'étais riche, répandre à des millions d'exemplaires, parce que c'est une voix de paix qui s'élève au milieu de nos discordes, une voix de gloire au fond de nos abaissements. Il dit d'une voix forte, il crie aux Français qui veulent la régénération du pays par la foi, de propager partout le Vote, c'est-à-dire le Vœu national. C'est aux prêtres, aux religieux, aux catholiques de toute sorte, journalistes, orateurs, écrivains populaires, qu'il appartient d'adopter, de disséminer en tous lieux la pensée qui vit sous ce titre : le *Plébiscite du Sacré-Cœur*, faisant du Cœur de Jésus l'urne adorable où tomberont les bulletins des croyants, amoureux de la patrie.

Ces votes de la France ne seront pas tracés sur le papier qu'emporte le vent, mais gravés dans la pierre et dans l'airain ; chacun d'eux fera partie intégrante du *Sanctuaire de l'unité nationale*, de ce temple prédestiné qui, « après avoir germé silencieusement dans le sein de la terre et plongé ses racines jusqu'aux entrailles du mont des Martyrs, s'épanouira enfin comme la fleur magnifique éclose au soleil des temps modernes. »

Merci encore, cher Père, pour l'envoi de ce livre, qui est lui-même une fleur d'espérance et de paix. Je vous adresse ces lignes avec les deux mille francs de M. Palmé, qu'on inscrit chaque mois dans les listes du *Bulletin* au crédit de mon *denier du Sacré-Cœur*, et je vous respecte de toute mon âme, comme je vous aime.

PAUL FÉVAL.

LE VŒU

ou

VOTE NATIONAL [1]

Dominus enim Judex noster,
Dominus Legifer noster;
Dominus Rex noster,
Ipse salvabit nos.

« Le Seigneur est notre Juge,
Le Seigneur est notre Législateur,
Le Seigneur est notre Roi;
C'est lui qui nous sauvera. »

(Is. XXXIII, 22.)

Qu'est-ce que l'Œuvre du Vœu national au Sacré-Cœur de Jésus ?

Cette Œuvre mystérieuse et providentielle a plusieurs aspects : elle doit être considérée sous divers points de vue.

A l'époque où nous sommes arrivés de notre histoire, en face des événements qui se déroulent, chaque jour, sous nos yeux, la construction d'un Temple national en l'honneur du Sacré-Cœur de Jésus, sur ces hauteurs de Montmartre

---

1. Cette brochure est le développement d'une allocution prononcée dans l'église provisoire du Sacré-Cœur, le 7 juin 1880.

qui dominent Paris, tête et cœur de la France, est
un événement de la plus haute signification, qui
peut être interprété de différentes manières.

C'est tout à la fois un acte de religion et d'ado-
ration, un acte de foi, d'amour et de piété envers
notre très saint Seigneur et Sauveur Jésus-Christ,
pour faire contre-poids, dans la balance de la justice divine, aux blasphèmes de l'impiété contem po-
raine.

C'est un acte de réparation et d'amende honorable
à son auguste Majesté, si gravement offensée, si
odieusement outragée en ce temps-ci dans notre
pays.

C'est un acte public et authentique de consécration de la France à ce Cœur adorable « qui a tant
aimé les hommes » en général, et tout particulière-
ment les Français.

Mais il semble qu'on peut, et que l'on doit aujourd'hui donner un autre sens, plus large, à cette
grande manifestation religieuse : n'est-il pas per-
mis d'espérer et d'affirmer hautement que le VŒU
NATIONAL sera un VOTE NATIONAL, et que cette
œuvre deviendra un véritable

PLÉBISCITE EN FAVEUR DU RÈGNE SOCIAL DE

NOTRE-SEIGNEUR JÉSUS-CHRIST?

Pour nous en convaincre examinons ces trois
questions :

I. — Peut-on dire que l'Œuvre du vœu national

sera un vrai PLÉBISCITE de la France en faveur des droits sacrés et imprescriptibles de Jésus-Christ sur notre pays ?

II. — Pourquoi l'Œuvre du vœu national doit-elle avoir aux yeux de tous le caractère de PLÉBISCITE?

III. — Comment l'Œuvre du vœu national pourra-t-elle prendre les proportions d'un PLÉBISCITE?

Après avoir étudié rapidement la NATURE de ce plébiscite, les MOTIFS puissants qui demandent ce plébiscite, les MOYENS de FAIRE et de RÉUSSIR ce plébiscite, nous verrons que tout se prépare pour que la basilique du Sacré-Cœur, à Montmartre, soit

LE TEMPLE DE L'UNITÉ NATIONALE

AU POINT DE VUE RELIGIEUX

Toutes les adhésions au VŒU NATIONAL deviendront un VOTE NATIONAL, de sorte que toutes les *Pierres du Sacré-Cœur* (1), envoyées par le *Denier du Sacré-Cœur* (2), proclameront

LE PLÉBISCITE DU SACRÉ-CŒUR

et ne cesseront de chanter à travers les âges,

1. Lire le discours de M. l'abbé BRETTES sur la *Pierre du Sacré-Cœur.*

2. Lire la brochure de M. PAUL FÉVAL intitulée le *Denier du Sacré-Cœur.*

lapides clamabunt : « Notre volonté, notre vœu
et notre vote, c'est que le Seigneur Jésus reste
notre Juge, notre Législateur et notre Roi!

> *Dominus enim Judex noster,*
> *Dominus Legislator noster,*
> *Dominus Rex noster!*

« Nous croyons, nous espérons qu'Il nous proté-
gera contre tous nos ennemis du dedans et du de-
hors, qu'Il nous délivrera de tous nos maux passés,
présents et futurs, et qu'Il nous sauvera! »

> *Ipse salvabit nos.*

PREMIÈRE QUESTION

PEUT-ON DIRE QUE L'ŒUVRE DU VŒU NATIONAL SERA
UN PLÉBISCITE DE LA FRANCE EN FAVEUR DU
RÈGNE SOCIAL DE NOTRE-SEIGNEUR JÉSUS-CHRIST ?

Pour répondre affirmativement à cette question,
il faut se rappeler l'origine, le sens et la portée du
plébiscite. Ce mot, qui appartient à la langue
latine, est d'origine romaine. L'histoire du Droit
nous apprend que les plébiscites commencèrent à
être en usage à Rome à l'époque où le peuple,

plebs, la plèbe, comme on disait alors, acquit le droit de voter, aussi bien que les patriciens, sur les grands intérêts de l'État et sur les principales questions civiles et politiques.

Il y avait deux sortes de plébiscites : l'un s'appelait *plebiscitum*, l'autre *populiscitum*. Le premier était une ordonnance faite par les plébéiens seuls, tandis que les patriciens ou sénateurs lançaient, de leur côté, des décrets portant le nom de sénatus-consultes. Mais, ni la plèbe n'obéissait à ces sénatus-consultes, ni les patriciens à ces plébiscites inférieurs, *plebiscita* (1). Le *populiscitum* était un plébiscite bien autrement grave et solennel, qui résultait d'une résolution prise en commun par les patriciens et les plébéiens réunis en assemblée générale. Cette décision adoptée par tout le peuple romain, *populus romanus*, avait force de loi pour tous les citoyens, et devenait la plus haute expression de la volonté nationale : *Populi commune est in legibus ferendis cum plebe suffragium. Patrum commune cum populo suffragium : quibus suffragantibus fit populiscitum* (2).

Le voyageur qui, voulant étudier les mœurs primitives du peuple-roi, visite les ruines gigantesques de l'ancienne Rome, aime à gravir le sommet du Capitole. Cette montagne, couronnée autrefois par le temple de Jupiter Capitolin, le sanctuaire le plus vénéré du monde antique, dominait les autres

---

1. La *Cité antique*, par Fustel de Coulanges, p. 357.
2. Festus au mot *Populi*, cité par J. Ortolan, *Hist. de la législation romaine*, p. 32.

temples, les palais, les basiliques, les cirques, les théâtres, les amphithéâtres, les arcs de triomphe, tous les édifices de la grande cité ; de là, il est facile à la pensée de reconstruire toutes ces ruines, de ressusciter les morts qui les ont habitées, d'évoquer les vieux Romains de leur sépulcre, et d'avoir une vision du Forum au jour d'un plébiscite. C'est en effet sur cette place immense appelée le *Forum*, que tous les citoyens traitaient leurs affaires privées et publiques. Au pied même du Capitole s'étendait la partie réservée aux assemblées générales de la nation, et qu'on appelait le *Comitium :* c'est là qu'aux jours des élections se réunissait le peuple romain, composé alors de deux classes principales : les patriciens et les plébéiens. On voit encore la place de la *Tribune aux harangues*, ou *Rostra* (1), sur laquelle les orateurs traitaient, en sens opposés, la question soumise aux suffrages du peuple.

Après avoir entendu les orateurs, après avoir longuement discuté et délibéré, tous les citoyens, les Pères ou Sénateurs et la plèbe, votaient, et de la majorité des votes ou suffrages résultait le *plébiscite*.

Or, nous vivons nous-mêmes dans un temps d'égalité civile et politique, où l'on regarde le principe de la souveraineté du peuple comme un dogme inattaquable et un statut fondamental, où le suffrage universel est reconnu comme l'expression légale,

---

1. Ainsi appelée parce qu'elle était ornée de six éperons de navires pris sur les Antiates : *Rostra, cujus in vocabulum ex hostibus capta fixa sunt rostra.* (Varr., lib. IV, *De ling. latina.*

authentique et officielle de.la volonté nationale (1).
Ainsi que les anciens Romains, nous avons nos
Comices, ou assemblées électorales, qui se réunis-
sent périodiquement, et fonctionnent régulièrement.
Devons-nous regretter de ne pas avoir de *Tribune
aux harangues* dressée sur le Forum, aux Champs-
Elysées, par exemple, ou sur la place de la Concorde? Non; car sans compter les tribunes de la
Chambre des Députés et du Sénat, nous avons une
Tribune aux harangues en permanence : la
Presse, où retentissent chaque jour des milliers de
voix aussi bruyantes, sinon aussi éloquentes, que
celles des grands orateurs qui soulevaient parfois
de si violentes tempêtes au milieu des assemblées
populaires de l'ancienne Rome. Quant aux *plébiscites*, jusqu'ici ils n'ont été pratiqués en France
que sous la première république et sous le second
empire. On les regarde, à juste titre, comme une
forme extraordinaire de consulter l'opinion générale
de la nation, qui doit être réservée pour les circonstances les plus importantes et les plus solen-
nelles.

Eh bien! puisqu'en notre qualité de citoyens
français nous sommes tous égaux et libres, *tous
souverains*, tous appelés officiellement à faire connaître notre opinion et à *voter* sur les intérêts vi-
taux de notre pays, pourquoi le VŒU NATIONAL AU

---

1. Nous ne faisons que constater ici un *fait*, et nous ne par-
lons qu'au point de vue de l'*hypothèse*. Quant à la question de
droit et à la *thèse* de la souveraineté du peuple, on verra ce
que nous en pensons si l'on veut bien consulter les *Trois
Frances*, liv. II., sect. III.

SACRÉ-CŒUR DE JÉSUS ne deviendrait-il pas un VOTE NATIONAL ? Pourquoi nous, Catholiques français, ne donnerions-nous pas à cette Œuvre, patriotique au suprême degré, la haute signification d'un PLÉBISCITE DE LA FRANCE EN FAVEUR DU RÈGNE SOCIAL DE NOTRE-SEIGNEUR JÉSUS-CHRIST ?

Mais, si nous interrogeons là-dessus les nobles cœurs qui ont pris l'initiative de cette Œuvre, et formulé le Vœu National « en présence des maux qui désolaient la France et des malheurs plus grands peut-être qui la menacent encore » (1), si nous leur demandons quel a été le fond de leur pensée et le but véritable de leur pieuse entreprise, ils nous feront sans aucun doute cette réponse :

« Nous avons voulu faire ériger à Paris un Temple National, dédié au Sacré-Cœur de Jésus, comme un monument du repentir de la France d'avoir rompu son antique alliance avec Dieu et son Christ, d'avoir abandonné sa mission providentielle de fille aînée de l'Église; en un mot, de n'être plus chrétienne dans ses mœurs privées et publiques, dans ses lois et ses institutions modernes. »

Et l'inscription qui doit être gravée au frontispice de notre Sanctuaire national, que signifie-t-elle?

Sacratissimo Cordi Jesu Christi
Gallia pœnitens et devota

AU SACRÉ-CŒUR DE JÉSUS-CHRIST

LA FRANCE PÉNITENTE ET CONSACRÉE

1. Voir la formule du Vœu dans le *Bulletin de l'Œuvre.*

« La France pénitente » de quoi?

Évidemment d'avoir laissé abolir chez elle le Règne social de Notre-Seigneur Jésus-Christ.

« La France consacrée, dévouée » à quoi?

À rétablir dans notre pays un nouvel ordre social sur un plan chrétien, c'est-à-dire, à « restaurer toutes choses en Jésus-Christ », *Instaurare omnia in Christo* (Ephes., i., 10), en élevant de nouvelles générations chrétiennes, qui formeront des familles chrétiennes, un peuple chrétien, une nouvelle société chrétienne.

Et tous les adhérents au Vœu National, tous ceux qui viennent prier dans la Chapelle provisoire, ou qui envoient leur offrande pour la construction de la Basilique du Sacré-Cœur, que veulent-ils, que demandent-ils au ciel avec toute la ferveur de leur âme?

N'est-ce pas que la religion de Jésus-Christ reste la religion de la France, qu'elle redevienne florissante au milieu de nous, et qu'elle soit toujours honorée et protégée? Est-ce que leur vœu le plus ardent n'est pas que le jour du Seigneur soit sanctifié, que son nom trois fois saint soit respecté, sa loi observée, son Église écoutée, ses pontifes et ses ministres indépendants dans l'exercice de leur auguste ministère, ses disciples et ses serviteurs garantis dans la liberté de leur âme et de leur conscience ?

Et tous les cœurs français consacrés au Sacré-Cœur de Jésus, qui seront représentés par tous les grains de sable de notre Temple National, n'est-il pas certain qu'ils n'ont qu'une aspiration, un cri, une prière : « *Adveniat regnum tuum?* Oh ! quand donc, Seigneur, verrons-nous refleurir votre Règne au milieu de nous? Quand reprendrez-vous la place qui vous appartient dans les esprits par la foi, dans les cœurs par la charité, dans les âmes par votre grâce, dans les volontés par la soumission à votre divine volonté, dans la vie individuelle, familiale et publique de tous les citoyens français, par la pratique des vertus chrétiennes et l'accomplissement du devoir chrétien, soit dans le sanctuaire de la conscience, soit dans l'enceinte du foyer domestique, soit dans les relations d'affaires, de commerce, d'industrie ou de finance, soit dans la confection des lois et l'exercice des fonctions publiques, soit dans le gouvernement du pays et les relations internationales ; de telle sorte que le citoyen, l'électeur, le législateur, le diplomate et l'homme d'État prennent toujours pour règle suprème de leurs décisions, de leurs actes officiels et de toute leur conduite les droits de Dieu sur les hommes et sur les peuples ? »

N'est-ce pas là voter pour le rétablissement du Règne social de Notre-Seigneur Jésus-Christ?

Et quand l'œuvre du VŒU NATIONAL comptera ses adhérents en assez grand nombre pour qu'on puisse y voir un VOTE NATIONAL, ne sera-t-il pas juste de la considérer et de la faire reconnaître par tous comme le

PLÉBISCITE DU PEUPLE FRANÇAIS

EN FAVEUR DES DROITS SOUVERAINS DU CHRIST SUR LA FRANCE?

DEUXIÈME QUESTION

POURQUOI DEVONS-NOUS DONNER A L'ŒUVRE DU VŒU NATIONAL LA SIGNIFICATION, LE CARACTÈRE ET LA PORTÉE D'UN PLÉBISCITE ?

Pour des motifs puissants et des raisons urgentes : parce que tous les vrais Français savent parfaitement trois choses :

1° Que le Règne social de Jésus-Christ a existé chez nous pendant de longs siècles, *pour le bonheur de la France;*

2° Que depuis un siècle on travaille à détruire complètement le Règne social de Jésus-Christ dans notre pays, *pour le malheur de la France;*

3° Que du rétablissement ou de la destruction du Règne social de Jésus-Christ au milieu de nous, *dépend l'avenir heureux ou malheureux de la France.*

I

Disons bien haut et bien clairement qu'il ne s'agit pas ici de politique proprement dite, mais d'une idée et d'un principe supérieurs à la politique.

Le Règne social de Jésus-Christ peut et doit

exister en tout lieu, chez tous les peuples, *quelle que soit la forme du gouvernement.*

Il y a eu et il peut y avoir des républiques chrétiennes, comme il y a eu des empires et des royaumes chrétiens. L'histoire nous crie, d'ailleurs, qu'il y a eu des monarques antichrétiens, des rois et des empereurs stigmatisés d'avance par l'Esprit-Saint du nom d'*Antechrists;* comme on a vu des gouvernements populaires se déclarer ouvertement les ennemis de Dieu, de son Christ et de son Église, et pratiquer officiellement l'*antichristianisme.*

Que faut-il donc entendre précisément par le RÈGNE SOCIAL DE NOTRE-SEIGNEUR JÉSUS-CHRIST?

Que Jésus-Christ, le Fils de Dieu fait homme, soit Roi au point de vue *spirituel,* c'est ce qu'admettent facilement tous ceux qui croient à sa divinité, qui le prient et l'adorent comme le Verbe incarné, Créateur du Ciel et de la terre, Sauveur et Rédempteur des hommes, souverain Juge des vivants et des morts à la fin du monde. Ils reconnaissent volontiers que Jésus-Christ a tout droit sur nous dans l'*ordre surnaturel:* sur notre intelligence, en ce sens que nous devons croire toutes les vérités qu'il nous a révélées; sur notre liberté, en ce sens que nous devons observer tous les préceptes et commandements qu'il nous a imposés; sur notre conscience, en ce sens que nous devons éviter le péché et vivre en état de grâce; sur notre avenir d'outre-tombe et nos destinées éternelles, en ce sens qu'il nous enverra au ciel ou en enfer, au sortir de ce monde, selon nos bonnes ou nos mauvaises actions.

Mais que Jésus-Christ soit Roi *au point de vue social*, qu'il ait des droits souverains sur nous dans *l'ordre naturel et temporel*, qu'il nous demande compte un jour de nos actes publics, civils et politiques, qu'il exerce une véritable royauté sur les sociétés et sur les peuples, comme peuples, voilà ce que ne comprennent pas assez bien beaucoup de chrétiens de nos jours.

Et cependant, le Seigneur n'a pas seulement créé l'homme *individuel*, mais encore l'homme *social*. Malgré les élucubrations du *Contrat social*, malgré les grossières négations des matérialistes et des positivistes de nos jours, il n'en est pas moins certain que les sociétés domestique et civile, la famille fixe, la cité, la tribu, la nation, avec toutes les institutions organiques nécessaires à leur formation, à leur conservation et à leur progrès, ont été voulues par Dieu, comme auteur de tout ce qui est dans la nature des choses, et sont par conséquent d'origine divine. C'est pourquoi le Seigneur conserve un haut domaine, et il exerce une véritable souveraineté sur toutes les choses de l'ordre naturel, comme sur tout ce qui constitue l'ordre de la Grâce et l'ordre de la Gloire.

La royauté sociale du Christ a été prédite, affirmée et chantée en termes magnifiques par le prophète: « Pourquoi les nations ont-elles fait entendre des murmures, et les peuples ont-ils formé de vains complots?

« Les rois de la terre se sont levés, les princes se sont ligués contre le Seigneur et contre son CHRIST.

« Brisons leurs liens et rejetons leur joug loin de nous, » ont-ils dit. Mais Celui qui habite dans le ciel se rira d'eux, le Seigneur se moquera de leurs projets.

« Alors il leur parlera dans sa colère, il les confondra dans sa fureur.

« Pour moi, j'ai été établi Roi par mon Père : *Ego autem constitutus sum* REX.

« Le Seigneur m'a dit : Vous êtes mon Fils et je vous ai engendré aujourd'hui.

« Demandez-moi, et je vous donnerai toutes les nations pour héritage et j'étendrai votre empire jusqu'aux extrémités de la terre.

« Vous les gouvernerez avec une verge de fer et vous les briserez comme un vase d'argile (lorsqu'ils ne voudront pas obéir).

« Et maintenant, ô rois, comprenez ; instruisez-vous, vous qui jugez la terre.

« Servez le Seigneur dans la crainte, et réjouissez-vous en lui avec tremblement.

« Adorez son Fils, de peur que le Seigneur ne s'irrite, et que vous ne périssiez dans votre voie quand sa colère s'allumera dans un instant (1). »

O Seigneur Jésus-Christ, vous êtes donc bien le Juge suprême, le Législateur souverain. le Roi de tous les peuples. C'est vous qui « jugez les peuples en toute équité et gouvernez les nations ici-bas : *Judicas populos in æquitate et gentes in terra dirigis* (2) ».

1. Ps. LXVI.
2. Ps. II.

Or, les sociétés humaines n'existeront pas dans l'autre monde; les peuples ne seront pas punis ou récompensés, comme peuples, dans l'éternité. C'est donc sur la terre, et dans le temps, que le Seigneur régit par ses lois les hommes réunis en nations, qu'il les élève ou les abaisse à son gré, qu'il les frappe ou les guérit selon leurs mérites, qu'il les glorifie ou les châtie d'après sa divine sagesse. Les destinées naturelles, temporelles, civiles et politiques des peuples dépendent de lui, aussi bien que la destinée spirituelle et éternelle des individus. Il tient en ses mains le sort des États, des Royaumes, des Républiques, des Empires et des sociétés; il leur accorde la paix, la prospérité et la grandeur, ou bien il leur envoie de terribles fléaux, et les précipite dans les voies de la décadence, selon les règles de son infaillible Justice.

Est-ce à dire que Jésus-Christ soit le souverain temporel, immédiat et direct de toute nation? Non, le régime théocratique n'a existé que chez les Juifs, avant l'institution de leur monarchie.

« Le Seigneur n'a exercé visiblement et publiquement par lui-même l'empire et l'autorité sur les hommes que sur son peuple et en certaines circonstances », comme le montre Bossuet (1).

Mais le Christ, en sa qualité d'Homme-Dieu, créateur et sauveur du monde, a le droit d'exercer une haute souveraineté sur toutes les nations, en ce sens qu'elles doivent régler leur vie privée, familiale et publique sur l'Évangile; « non pas que l'Évangile

____

1. *Politique tirée de l'Écriture*, liv. II, 2ᵉ proposition.

soit leur loi même, mais que l'Évangile soit la loi de leurs lois, l'esprit de leurs institutions, l'arome de leurs mœurs, l'âme de leur existence, le principe régulateur de leurs doctrines » (1) morales, philosophiques, scientifiques, économiques, juridiques, politiques et sociales.

On dit que le Règne social de Jésus-Christ est établi dans un pays, lorsque l'Église et l'État sont parfaitement unis ensemble, tout en demeurant distincts et libres dans leur sphère d'action respective, c'est-à-dire que l'Église jouit d'une indépendance absolue dans les choses purement spirituelles, que l'État conserve son indépendance absolue dans les choses exclusivement matérielles, et qu'il y a entente cordiale, accord parfait, dans les matières mixtes ou communes, entre les deux puissances religieuse et civile. Le Règne social de Jésus-Christ est florissant dans une nation, lorsque les codes ne contiennent aucun article, aucune disposition contraire aux prescriptions de la religion catholique; lorsque le droit civil est en harmonie avec le droit canonique ou ecclésiastique; lorsque toutes les ordonnances ou institutions qui concernent les citoyens, les familles, l'enseignement, le travail, l'armée, l'administration, le gouvernement, et généralement toutes les obligations ou fonctions sociales, sont basées sur les Droits de Dieu; lorsque les dépositaires du pouvoir reconnaissent tenir leur autorité de Dieu, *non est enim potestas nisi a Deo* (2), et n'usent de leur puissance que

1. M. Aug. Nicolas, *l'État sans Dieu.*
2. Rom., xiii, 4.

pour le bien matériel et moral des citoyens, *minister Dei in bonum* (1). C'est en ce sens que le Christ est appelé le Roi des rois, le Seigneur des seigneurs, le Maître des maîtres, le Souverain des souverains, le Juge des juges de la terre, le premier Législateur, le Monarque débonnaire et le Père de tous les peuples : *Rex, Legifer, Judex*.

Or, l'histoire nous atteste que telle a été l'organisation primitive de la France, pour son bonheur et sa prospérité. On peut dire, en toute vérité, qu'elle a été civilement et politiquement chrétienne, aussitôt qu'elle a commencé d'être. La France est née chrétienne de l'acte de foi et de la prière de Clovis, au champ de bataille de Tolbiac. Baptisée à Reims, aussitôt après sa naissance, dans la personne de son premier monarque chrétien, elle est la fille aînée du Sacré-Cœur de Jésus, puisque le Christ l'a aimée et choisie entre toutes les nations pour en faire le premier royaume ayant une constitution, une organisation et une législation chrétiennes.

Le Pape saint Anastase, écrivant à Clovis, salua aussitôt le peuple français, ce fils aîné de l'amour du Christ, comme le défenseur de l'Église. Et les souverains Pontifes n'ont cessé de le proclamer le soldat de Dieu, l'instrument de sa droite et l'exécuteur spécial de ses plus grands desseins, le peuple apôtre et missionnaire par excellence, le peuple porte-lumière, porte-croix et porte-Christ ; le protecteur du faible et de l'opprimé, le vengeur du droit, le champion le plus intrépide de la liberté,

1. Rom., XIII, 1.

le pionnier le plus actif du progrès, la sentinelle avancée de la civilisation chrétienne.

La France a donc été consacrée et dévouée au Sacré-Cœur dès son berceau; depuis le commencement de notre existence nationale, le Christ n'a pas cessé d'aimer les Francs, et les Francs n'ont pas cessé d'aimer le Christ. Pendant de longs siècles, le divin Cœur de Jésus et le cœur généreux de la France ont battu à l'unisson l'un de l'autre, ou plutôt le Cœur de Jésus était comme le cœur de la France. Alors tout était chrétien dans notre pays. L'empreinte du Christ était profondément gravée sur les personnes et les choses; l'esprit du Christ pénétrait tout; l'âme du Christ animait tout; l'amour de notre divin Sauveur vivifiait tout, et son action se faisait sentir en tout, sur tout et partout. Alors l'idée chrétienne luttait avantageusement contre les erreurs et les vices de chaque époque. Alors la foi et la crainte de Dieu étaient un frein puissant pour dompter les plus fougueuses passions de l'humanité déchue. Alors fleurissaient, sous la haute direction de l'Église, la chevalerie chrétienne, qui produisit les types les plus admirables de l'honneur et de la vaillance; ces corporations et ces confréries ouvrières, qui mettaient leurs intérêts sous la protection d'un saint, et sanctifiaient le travail par les exercices de la piété chrétienne; les lettres et les sciences chrétiennes; les beaux-arts chrétiens, qui ont décoré la France d'impérissables monuments, élevés, au chant des litanies, en l'honneur du Christ et de sa très sainte Mère. Alors notre pays était couvert d'innombrables monastères, où l'on chantait jour et nuit les louanges de Dieu, au nom de l'Église et de la patrie ; où l'on priait pour ceux qui ne priaient pas, où l'on adorait Dieu pour ceux qui le blasphémaient; où l'on faisait pénitence pour ceux qui l'outrageaient par leurs crimes ; où l'on recueillait précieusement tous les chefs-d'œuvre de l'esprit humain, comme autant d'épaves échappées au naufrage, au milieu du déluge universel de la barbarie.

Alors brillaient de tout leur éclat nos vieilles universités, consacrées au Verbe enseignant, foyers puissants de lumière, qui rayonnaient sur la France, sur l'Europe et sur le monde entier. Alors la France était prodigieusement féconde en grands hommes, en grands capitaines, en grands politiques, en magistrats chrétiens et en princes chrétiens. Alors étaient en vigueur ce vieux droit chrétien, ces lois, ces chartes et ces constitutions chrétiennes qui commençaient par ces mots : « *Virat qui Francos diligit Christus :* Vive le Christ qui aime les Francs ! »

On lit au commencement des Capitulaires de Charlemagne : « *Regnante Jesu Christo in æternum*, Jésus-Christ régnant à jamais, moi, Charles, par la grâce et la miséricorde de Dieu, roi et chef du royaume des Francs, défenseur dévoué et coadjuteur très humble de la Sainte Église... »

Les successeurs de Charlemagne inscrivaient ordinairement ces paroles en tête de leurs ordonnances : « *In nomine Domini nostri Jesu Christi :* Au nom de Notre-Seigneur Jésus-Christ. »

A l'exemple des princes, les particuliers mettaient

aussi cette formule à la première ligne de leurs actes civils : « *Regnante Jesu Christo :* Sous le règne de Jésus-Christ. »

Jusqu'à la fin du siècle dernier, les monnaies publiques attestaient cette royauté sociale de Jésus-Christ ; les pièces d'or portaient cette inscription : « Au Christ la victoire ! au Christ la royauté ! au Christ l'empire ! *Christus vincit, Christus regnat, Christus imperat.* »

Le protestant Blondel, dans son ouvrage intitulé *De formula : Regnante Christo,* remarque que les Français avaient coutume d'apposer cette formule à leurs actes privés et publics pour reconnaître le règne spirituel, temporel, politique et social de Jésus-Christ ; pour se rappeler à eux-mêmes, et rappeler aux autres que tout ce qui regarde leurs intérêts matériels, comme leurs intérêts spirituels, doit être administré sous l'autorité suprême de Jésus-Christ, régi d'après sa loi souveraine, rapporté définitivement à lui, jugé en dernier ressort par lui ; que les princes et les magistrats qui règlent et gouvernent les affaires publiques, sont, comme les peuples, les serviteurs du Christ, et qu'eux aussi doivent se rappeler qu'ils sont responsables vis-à-vis de ce divin Monarque, selon ces paroles de l'Écriture : *Dominus enim Judex noster, Dominus Legislator noster, Dominus Rex noster.*

Or, personne ne peut le révoquer en doute, c'est pendant les âges où l'idée chrétienne et le droit chrétien régnaient dans notre pays, que la France a grandi, qu'elle s'est formée, civilisée, épanouie et fortifiée jusqu'à devenir la première nation de l'Europe, « le plus beau royaume après celui du ciel(1) ». C'est par cette forte organisation chrétienne que s'est constituée notre grande et magnifique UNITÉ NATIONALE. Pendant treize cents ans il n'y eut *qu'une seule France.*

La France était *une* dans sa religion, ses croyances et son culte. Tous les Français professaient, en général, qu'il n'y a qu'un seul Dieu, un seul Seigneur, une seule Foi, un seul Baptême, une seule Église. Les efforts du protestantisme et du calvinisme avaient échoué contre le tempérament et le génie foncièrement catholiques de la France. Après de déplorables guerres intestines, causées par les huguenots qui voulaient scinder l'âme de la France et déchirer son cœur en deux, L'UNITÉ RELIGIEUSE du pays était restée ferme et compacte.

La France était *une* dans son enseignement public et les principes de sa morale. Au-dessus de toutes les discussions scientifiques et philosophiques planait, universellement respectée, la doctrine de l'Église ; personne n'avait envie de briser l'alliance et l'harmonie qui peuvent et doivent exister entre la foi et la raison, entre la science et la révélation. Malgré les scandales et les désordres des princes et de leurs sujets, tous reconnaissaient l'Évangile comme la règle essentielle, la base et la sanction des lois morales, qu'ils devaient observer en public et en particulier.

La France était *une* par l'attachement unanime

1. Le protestant GROTIUS.

de tous ses enfants à la forme traditionnelle de son gouvernement. C'est un fait acquis à l'histoire que, pendant treize cents ans, à travers toutes les rivalités d'influence qui se produisaient, tantôt entre la royauté et l'aristocratie, tantôt entre le clergé, la noblesse, la bourgeoisie et le peuple, au milieu même des crises profondes qui amenaient des changements de race et de dynastie, les Français ne songèrent jamais à renverser le trône sur lequel était assise leur antique monarchie. Le trône restait debout, inébranlable, au milieu des orages politiques et des tempêtes sociales. En même temps que tous l'environnaient de respect, il était le centre vital, le principal moteur qui donnait l'impulsion au mouvement national, et vers lequel refluaient les forces vives du pays. Pendant que des factions de circonstance et des partis transitoires s'agitaient et se disputaient pour des intérêts d'un ordre inférieur, tous étaient prêts à courir, au premier signal, se confondre dans les rangs du grand parti national, pour défendre d'un commun effort les intérêts supérieurs de la patrie; tous étaient animés d'un même patriotisme et d'un même dévouement, pour soutenir l'honneur, la liberté, la grandeur et le progrès toujours croissants de la nation.

O France, que tu étais belle, glorieuse et puissante, malgré plusieurs taches, certains défauts et quelques défaillances, lorsqu'on te voyait solidement et fièrement assise dans ton UNITÉ NATIONALE ; lorsque tes plus vaillants chefs et tes plus superbes souverains ne prenaient pas d'autre titre que celui de « sergents du Christ », ou de « lieutenants de Dieu », et se proclamaient officiellement « les protecteurs, conservateurs et exécuteurs des lois de l'Église » (1) ; lorsque tous tes fils n'avaient qu'un cœur et qu'une âme pour croire en Dieu, adorer Dieu, obéir à Dieu, comme les anges lui obéissent là-haut, en qualité d'enfants du même Père qui est aux cieux ; et pour s'aimer entre eux comme des frères, en qualité d'enfants de la même mère ici-bas : la Patrie !

II

Hélas ! pourquoi faut-il que, depuis un siècle, on ait vu naître et grandir, sur notre vieux sol catholique, une autre France ! une *France antichrétienne*, qui veut absolument abolir au milieu de nous les droits de Dieu et le règne du Christ, pour y établir le règne et les droits de l'homme !

Pourquoi faut-il que nous nous trouvions, aujourd'hui, en face d'une génération d'Antechrists, qui, depuis cent ans, ne cessent de répéter le cri du peuple déicide : « *Nolumus hunc regnare super nos :* Nous ne voulons plus que Dieu règne sur nous ! Nous ne voulons plus ni de sa religion, ni de sa révélation, ni de son Église, ni de son enseignement, ni de sa doctrine, ni de sa morale ! O Christ, va t'en ! *Dixerunt Deo : Recede a nobis ; scientiam viarum tuarum nolumus* (Job XXI, 14). Sors de

1. Voir l'*Ordonnance* de François Ier, juillet 1545, et les *Lois civiles* de Domat, t. II.

notre foyer, de notre vie conjugale, domestique et sociale ; sors de nos écoles, de nos collèges et de nos académies ; sors de nos codes, de nos chartes et de nos constitutions modernes. L'ordre social qui existe actuellement nous déplaît, parce qu'il porte ton nom, parce qu'il repose sur toi, parce qu'il est tout rempli et imprégné de l'idée chrétienne: nous voulons le *défaire*, pour en *refaire* un autre, où il n'y ait plus aucune trace de l'Évangile, ni aucune place pour Dieu. Ce que nous voulons, c'est un État *laïque* ou sans Dieu, un enseignement *laïque* ou sans Dieu, une législation « ignorant Dieu », pour avoir bientôt des générations nouvelles sans Dieu, avec des pères et des mères de famille sans Dieu, des enfants sans Dieu, des ouvriers sans Dieu, des commerçants et des industriels sans Dieu, des soldats sans Dieu, des fonctionnaires, des magistrats et des hommes d'État sans Dieu: en un mot, ce que nous voulons, c'est un peuple sans Dieu, une société moderne sans Dieu, une France nouvelle sans Dieu ! »

Et ils ne craignent pas d'ajouter, les malheureux: « L'idée de Dieu est déjà bien ébranlée dans le monde, il faut lui porter les derniers coups! »

« La lutte actuelle est entre l'homme et Dieu ». « La Révolution, c'est le triomphe de l'homme sur Dieu! »

Et ce qu'ils ont dit, ils l'ont fait. Ils travaillent aujourd'hui, plus activement que jamais, à multiplier les écoles de philosophie panthéiste ou athée, *pour chasser Dieu de l'esprit humain* en combattant toutes les révélations divines de l'Ancien et du Nouveau Testament : les mystères, les miracles, la création, l'incarnation, la rédemption, la divinité même de Jésus-Christ, et jusqu'à l'existence d'un Être suprême ; les écoles de science matérialiste et positiviste ou athée, *pour chasser Dieu de la nature*, en expliquant l'origine, la conservation et le développement de tous les êtres par le *transformisme* et les métamorphoses infinies de la matière ; les écoles de morale indépendante ou athée, *pour chasser Dieu de la conscience humaine*, en niant la spiritualité et l'immortalité de l'âme, la responsabilité de nos actes devant un être supérieur à l'homme, les récompenses et les châtiments de la vie future ; les écoles d'histoire et d'économie rationalistes ou athées, *pour chasser Dieu de la vie passée, présente et future des peuples*.

Et voilà comment, armés de leurs « immortels principes » comme d'un coin irrésistible, ils vont « lentement et sûrement » à leur but : éliminer Dieu de partout, extirper l'élément religieux de toutes les formes de la vie des individus et des peuples, déchristianiser la France !

O Jésus, notre Créateur, notre Sauveur adoré, notre Roi et notre Père bien-aimé, voici donc que des Français vous proclament « l'ennemi » de la patrie ! Ils ont lancé contre vous un décret de proscription ! Ils veulent vous mettre hors la loi, vous priver du droit de cité parmi nous et vous bannir à tout jamais du territoire ! Déjà ils vous ont interdit la rue, ils vous tiennent enfermé comme un prisonnier dans votre demeure ; ils veulent reléguer votre Église dans un musée d'antiques, ou la faire rentrer dans les catacombes. Bientôt, peut-être, ils vous expulseront de votre propre maison *manu militari*, et vous jetteront sur le pavé ! S'ils le pouvaient, ils feraient de vous un *déporté*, et vous chasseraient à tout jamais de ce qu'ils appellent le monde moderne, la société moderne! De là qu'est-il arrivé?

C'est que notre grande *Unité nationale* n'existe plus. C'est que l'harmonie sociale est détruite ; c'est que l'union des esprits et des cœurs est rompue ; c'est que le faisceau des forces patriotiques est brisé. C'est que la France, ébranlée jusque dans ses fondements par des convulsions presque périodiques et des révolutions sans fin, ne peut retrouver son assiette, ni reprendre son équilibre, ni se reposer dans la paix, la sécurité et la stabilité. Disons le mot, qui a été prononcé naguère à la Tribune de la Chambre des députés (1): c'est qu'aujourd'hui il y a *deux Frances :*

La France chrétienne et la France antichrétienne, La France catholique et la France révolutionnaire.

Et celle-ci, tenant l'autre à la gorge, en ce moment, lui crie: « Tu as assez vécu, ô vieille France du Christ, il faut que tu meures! »

Et la France de Clovis et de Charlemagne répond: « Non, je ne veux pas mourir! »

Et la France de Voltaire et de Jean-Jacques reprend, la bouche pleine d'imprécations et de blasphèmes: « Renie ton origine chrétienne, tes croyances, tes mœurs et tes traditions chrétiennes, ou meurs! »

« Non, » réplique la France de saint Louis et de

1. Par M. JULES FERRY.

Louis XVI, « je ne renierai pas mes quatorze siècles de foi, d'honneur, de prospérité, de gloire et de grandeur ! »

Alors la France de Danton, de Robespierre et de Marat, brandissant ses armes fratricides, éclate en invectives et en menaces : « Maudis le Christ, ton Dieu et ton Roi, abandonne la religion de tes pères et l'Église ta mère, adore la raison, ne crois plus qu'à l'infaillibilité de la science, adopte la libre-pensée, renverse tes tabernacles et tes autels, et abats la Croix... ou meurs ! »

Mais la France catholique, élevant la Croix dans les airs, pousse ce cri vainqueur : « Vive Dieu ! Entre le Christ et moi, c'est à la vie à la mort ! *Ad convivendum et ad commoriendum !* » (II Cor. VII, 3) (1).

Telle est la formidable lutte engagée, sous nos yeux, dans notre pays ; c'est un duel à mort entre l'idée chrétienne et l'idée satanique, entre le catholicisme et la Franc-Maçonnerie, entre l'Église et la Révolution, entre les enfants du Christ et les fils de Bélial.

III

Or, il n'est pas possible d'en douter, de l'issue de ce duel dépend l'avenir heureux ou malheureux de notre pays.

----

1. Voir les *Trois Frances.* Introduction.

Le catholicisme fait, pour ainsi dire, partie de
la constitution naturelle de la France. « Il y a des
nations privilégiées, » écrit Joseph de Maistre, « qui
ont une mission dans le monde. Celle de la France
me paraît aussi visible que le soleil. Il y a dans le
gouvernement naturel et dans les idées nationales
du peuple français je ne sais quel élément théocratique et religieux, qui se retrouve toujours. Le Français a besoin de la religion plus que tout autre
homme; s'il en manque, il n'est pas seulement
affaibli, il est mutilé (1). »

Un autre penseur étranger, qui avait tant étudié
et qui aimait si sincèrement la France, affirme que
l'unité de foi religieuse fut le principe de la nationalité française, et le ciment de l'union politique de
ces différents peuples, qui se fondirent ensemble
pour composer le peuple français. « On peut même
dire, » ajoute-t-il, « que dès lors le catholicisme est
devenu l'un des éléments essentiels de la nation
française ; en sorte que les mots *catholique* et *français* sont devenus synonymes, et que, par rapport
à la religion, la France n'a jamais été, ne sera jamais,
ne pourra jamais devenir hérétique ou protestante ;
mais elle sera à jamais catholique ou rien (2). »

« Ah ! » s'écriait naguère un grave magistrat, » si
nous venons à répudier le catholicisme, qui, pendant
si longtemps, a coulé à pleins bords dans toutes
les veines du corps civil et politique, évidemment il ne peut en résulter pour nous qu'une

1. *Du Pape*. Cité dans l'*Esprit de J. de Maistre*, p. 305.
2. Le P. VENTURA, la *Femme catholique*, II, p. 88.

déperdition de forces, l'anémie, le dépérissement et la mort. Si encore, en proscrivant la religion du Christ, nous observions une religion quelconque, si inférieure qu'elle fût ; mais non, nous le voudrions, que cela nous serait impossible. Le Christianisme est si grand, il a si fortement saisi notre nation et l'a portée si haut, que, tombant de cette hauteur, nous ne pouvons que tomber au-dessous de toute religion : dans l'irréligion même et dans l'*a-théisme;* et le Christ emporte Dieu. Nous sommes ainsi condamnés à la grandeur ou à la ruine, à la profession de l'Évangile ou à la décomposition. Nous n'avons pas même la ressource du fétichisme, si ce n'est le fétichisme de notre propre mal, la Révolution (1). »

Que tous les gens de bon sens, encore si nombreux en France, veuillent bien comprendre que, si nous devenions une nation absolument incrédule et envahie par la libre-pensée, si nous formions un peuple sans aucune religion, n'ayant plus qu'une organisation sociale, civile et politique officiellement athée, nous tomberions bientôt dans l'instabilité perpétuelle, dans le désordre et le chaos, roulant sans cesse de l'anarchie dans la dictature, de l'absolutisme personnel dans la tyrannie impersonnelle, anonyme et irresponsable du nombre, c'est-à-dire, du Césarisme royal ou impérial dans le Césarisme brutal et barbare de la démocratie. « Car où Dieu n'est pas, le droit s'évanouit avec le devoir, et il ne reste que la force : la force qui se révolte, ou la force qui opprime;

1. M. Auguste Nicolas. l'*État sans Dieu.*

toutes deux oscillant entre la liberté monstrueuse
de l'anarchie et la servitude honteuse du despo-
tisme (1). »

Que dis-je? nous retournerions tout droit au paganisme : à ce paganisme des peuples décrépits et
séniles, bien autrement hideux et criminel que celui
des peuples enfants. Car les païens primitifs croient
en Dieu, et lui offrent des prières avec des sacrifices;
tandis que les païens civilisés ne l'adorent plus, ne
songent point à éteindre sa colère allumée par leurs
crimes... et, un beau jour, le Seigneur, d'un souffle
de sa bouche, les balaye du monde !

« O France, crois-en donc tes plus vieux et tes
plus fidèles amis. France, reste chrétienne, et sois
sûre que, si jamais tu cessais de l'être, tu descen-
drais tous les degrés de l'abaissement national ; et,
asservie, démoralisée, déshonorée, tu ne serais plus
toi-même, et tu céderais à d'autres ta grande place
parmi les nations.

« France, tu seras chrétienne, ou tu ne seras
plus (2). »

On peut appliquer, en effet, à la France plus qu'à
toute autre nation cette profonde parole de saint
Ambroise : « *Qui se a Christo separat exul est pa-
triæ :* Quiconque se sépare du Christ s'exile de sa
patrie ! »

Non, il n'y a pas de patrie française sans le Christ.
La France redeviendra fidèle à sa mission de fille
aînée de l'Église, ou elle n'aura plus sa raison d'être.

---

1. Disc. de M. Chesnelong, rue de Grenelle, le 28 mai 1880.
2. Disc. de M. de Falloux, rue de Grenelle, le 28 mai 1880.

Lui arracher la foi et l'amour du Christ, c'est lui arracher le cœur et les entrailles, c'est attenter à ses jours. La question religieuse est pour nous une question de vie ou de mort. Oui, pour toi, peuple français, fils aîné du Sacré-Cœur, le Christ... ou la mort !

O vous tous qui aimez la patrie, voyez combien il est opportun, combien il est urgent de refaire notre UNITÉ NATIONALE au point de vue chrétien. En présence des nombreux partis, si profondément divisés, qui se disputent l'avenir de la France, elle ne peut espérer redevenir *une*, d'ici longtemps, sur le terrain politique. Mais il y a un terrain solide, ouvert à tout le monde, sans distinction de cocarde ou de drapeau, « où chacun peut mettre le pied, où chacun peut rester honoré et ferme, en attendant que l'accord puisse se faire ou ne se faire pas sur le terrain politique. Ce terrain commun, c'est le Christianisme, le Christianisme intégral, Dieu et son Église, en un mot, le Catholicisme (1) ».

A l'heure présente, tous les Français dignes de ce nom doivent mettre au-dessus de leurs opinions personnelles les grands principes de liberté et de dignité humaines, d'honneur national, de progrès et de civilisation. Tous, légitimistes, orléanistes, impérialistes et républicains, ne peuvent pas ignorer que les peuples, comme les fleuves, ne retournent jamais en arrière. Du reste, il est bien avéré aujourd'hui que personne en France ne songe à rétablir ce qu'on appelle l'*ancien régime*. S'il y a diver-

----

1. M. DE FALLOUX. *Ut supra.*

gence sur les moyens pratiques, il est certain qu'en
principe, tous veulent marcher en avant et travailler
au bien du pays, en suivant l'évolution des temps
nouveaux, qui ont amené des idées nouvelles, des
aspirations nouvelles et des nécessités nouvelles
parmi les nations modernes. Or, le Catholicisme,
qui est fait pour tous les siècles comme pour toutes
les nations, s'adapte merveilleusement à toutes les
transformations sociales, à tous les changements
opérés par la suite des âges, et à toutes les formes
de gouvernement que se donnent successivement les
peuples. L'Eglise de Jésus-Christ, cette mère et
maitresse du genre humain, est prête à bénir, à sanctifier et à consacrer toutes les découvertes, inven-
tions et institutions modernes, vraiment utiles à ses
enfants. C'est elle, et elle seule, qui, éclairée d'en
haut par le flambeau de l'assistance divine, pourra
débrouiller le chaos de ce qu'on appelle les *idées
modernes*. C'est elle, et elle seule, qui pourra dire
aux hommes de nos jours sans crainte de se tromper:
« Voici les véritables droits de l'homme, mais voilà
aussi leurs devoirs. Voici ce qu'il y a de vrai, de
juste, de bienfaisant et de salutaire aux peuples
dans les principes et les aspirations modernes ; il
faut le conserver et le perfectionner tous les jours.
Mais voilà ce qui répugne à la raison, au droit, à la
conscience, à la morale, à la foi, à la religion, dans
les idées modernes ; tout cela est faux, injuste, funeste et abominable : il faut le rejeter à tout prix. »

Par conséquent, ceux qui ont à cœur l'avenir
heureux et prospère de la patrie, peuvent et doivent
se rencontrer sur ce terrain neutre, dans cette

question supérieure, qu'on appelle la question religieuse.

Enfants de la même patrie, nous devons n'avoir
qu'un cœur et qu'une âme pour l'aimer et nous
aimer les uns les autres comme des frères, malgré
la divergence de nos opinions. Nous pouvons diffé-
rer sur les moyens de servir notre pays ; mais nous
devons rester unis par les grands principes de religion et de morale, qui sont la base, le ciment et le
couronnement de toute société. Voilà ce qu'il faut
crier aujourd'hui sur les toits, afin de provoquer un
VOTE NATIONAL en faveur des droits sacrés et imprescriptibles de Jésus–Christ.

C'est ce « mot de ralliement » que jetait naguère
à tous les Français une voix puissante et autorisée.
Mgr l'Évêque d'Angers, élu député du Finistère,
écrivait à ses électeurs :

« La France entière a compris la signification du
vote que vous avez émis dans le scrutin du 6 juin
1880, avec le calme et l'indépendance qui distin-
guent le caractère de votre noble pays. Ce que vous
avez voulu affirmer, c'est votre attachement à la foi
de vos pères, c'est la liberté du culte catholique, de
l'enseignement chrétien, de la vie religieuse, de
toutes ces grandes choses qui, depuis l'origine de
la France, constituent une partie essentielle du pa-
trimoine national. Il a plu à des esprits plus auda-
cieux qu'avisés de choisir pour leurs attaques le
terrain de la religion, c'est-à-dire, précisément celui
où, au milieu de nos tristes divisions politiques, tous
les hommes de bonne foi et de bonne volonté peuvent
se rencontrer et se donner la main.

« Catholiques de la Bretagne, vous leur avez ré-
pondu en indiquant à vos frères le vrai terrain de la
défense, et si le grand exemple que vous venez de
donner était suivi partout, si le généreux mouvement dont vous avez pris l'initiative s'étendait d'une
extrémité du pays à l'autre, l'âme de la vieille
France se réveillerait au souffle de la foi et de la
liberté religieuse. Ce sera votre honneur d'avoir
prononcé à l'heure présente le mot de ralliement,
et j'espère fermement que ce cri de la conscience
chrétienne, parti du fond de la Bretagne, trouvera
de l'écho dans le cœur de tous ceux qui placent avant
tout le triomphe de la justice et de la vérité ; Dieu
fera le reste (1). »

C'est donc le moment ou jamais de donner rendez-
vous à tous les Français dans le Sacré-Cœur de
Jésus, et de leur faire comprendre que l'Œuvre du
VŒU NATIONAL doit être un VOTE NATIONAL, et devenir un PLÉBISCITE, réclamant l'UNITÉ NATIONALE au
point de vue religieux.

1. Lettre de Mgr FREPPEL, évêque d'Angers, député du
Finistère, aux électeurs de la troisième circonscription de Brest.

TROISIÈME QUESTION

COMMENT DONNER A L'ŒUVRE DU VŒU NATIONAL LE SENS ET LES PROPORTIONS D'UN PLÉBISCITE EN FAVEUR DU RÈGNE SOCIAL DE NOTRE-SEIGNEUR JÉSUS-CHRIST?

Un PLÉBISCITE est une « résolution soumise à l'approbation du peuple (1) ».

Pour faire et réussir notre PLÉBISCITE religieux, il faut donc trois choses :

La première, c'est que la question sur laquelle on veut connaître l'opinion nationale, soit posée au peuple français;

La seconde, c'est que la nation ait l'occasion et le moyen de voter ;

La troisième, c'est que tout le monde prenne part au vote, afin d'avoir la réponse du suffrage universel.

Or, la grande question, sur laquelle il est urgent d'obtenir un vote national, est celle-ci :

« Français, en faisant abstraction de vos préférences personnelles sur la forme monarchique ou démocratique du gouvernement, en vous plaçant au-dessus de tout attachement à la royauté, à l'empire ou à la république,

1. Dict. de LITTRÉ.

« Voulez-vous que les institutions civiles et politiques respectent, comme il convient, les droits de Dieu, et soient en harmonie avec la religion et la morale de Jésus-Christ ? »

Oui, telle est la question à poser aujourd'hui à la France ; ou plutôt disons tout de suite que cette question *est posée*, et qu'elle *s'impose* d'elle-même à l'opinion publique. Elle fait l'objet des discussions les plus passionnées à la Tribune, dans la Presse, dans les réunions privées ou publiques, aussi bien que dans l'intimité des cercles, des ateliers, des salons et du foyer domestique.

L'heure a donc sonné où les Français doivent voter et plébisciter sur ce point : Voulez-vous rester une nation catholique, ou devenir un peuple sans Dieu, oui, ou non ?

Mais, dira-t-on, quel sera le moyen de consulter le SUFFRAGE UNIVERSEL en pareille matière ?

Ce moyen est tout trouvé ; il suffit de donner à l'Œuvre du « VŒU NATIONAL au Sacré-Cœur de Jésus » le sens d'un VOTE NATIONAL.

Voilà l'idée qu'il faut proclamer bien haut et propager partout. Voilà ce qui doit être accepté et convenu entre tous les citoyens français. Alors toutes les adhésions à l'Œuvre du Vœu national, toutes les offrandes envoyées pour la construction du Temple national, à Montmartre, toutes « les pierres du Sacré-Cœur » seront regardées comme des *bulletins de vote*, demandant le rétablissement du Règne social de Jésus-Christ.

A l'œuvre donc, ô vous qui confondez dans un même amour la religion et la patrie, travaillez à donner à l'Œuvre du Sacré-Cœur les proportions d'un PLÉBISCITE.

Pour cela, il faut que tous les Français participent

A cette œuvre nationale,
A ce vœu national,
A ce vote national.

Puisqu'il s'agit de consulter le suffrage universel, il faut que tous les citoyens, toutes les conditions, toutes les classes de la société votent, et donnent leur suffrage en faisant acte d'adhésion à cette Œuvre si éminemment patriotique.

Puisque c'est un *plébiscite religieux* que nous voulons faire, tous les âges et tous les sexes peuvent et doivent voter : enfants, pères et mères de famille, jeunes gens, jeunes filles et vieillards ; *plébéiens et patriciens*, nobles et bourgeois, ouvriers et patrons, propriétaires et paysans, industriels et commerçants, gens de lettres et artistes, hommes de science et de finance, soldats et magistrats, hommes d'État et fonctionnaires, députés, sénateurs et représentants de la nation à tous les degrés, il faut que tous prennent part à ce vœu national, à ce vote universel, à ce plébiscite solennel, en participant d'une façon quelconque à l'Œuvre du Sacré-Cœur. Il est à désirer que chaque famille et chaque paroisse de France, que chaque corporation ou administration, chaque atelier, chaque manufacture et chaque maison de commerce, chaque congrégation ou communauté religieuse, entrent pour quelque chose dans cette grande manifestation, en envoyant soit un grain de sable, soit une ou plusieurs pierres, soit un pilier pour la construction du Sanctuaire national.

C'est ainsi que nous pourrons refaire notre

UNITÉ NATIONALE

en concentrant toutes les forces vives du pays sur le terrain religieux, en enfermant tous les cœurs français dans le Sacré-Cœur de Jésus.

Voilà pourquoi toutes les catégories sociales, tous les corps et tous les groupes, dont la variété constitue l'unité d'un pays, seront représentés dans ce majestueux monument dé la piété des Français au XIXᵉ siècle.

Personne ne l'ignore, dans la Basilique du Sacré-Cœur, à Montmartre, on verra

LA CHAPELLE DE L'ASSEMBLÉE NATIONALE

qui, « par une loi spéciale du 25 juillet 1873, a consacré le caractère national de l'Œuvre, en donnant à Mgr l'Archevêque de Paris toutes les autorisations nécessaires pour l'acquisition des terrains et la construction de l'église votive du Sacré-Cœur sur les hauteurs de Montmartre (1) ».

On y verra

LA CHAPELLE DU CLERGÉ

1. Voir le *Bulletin de l'Œuvre*.

bâtie par les souscriptions de nos Cardinaux, de nos Archevêques, de nos Évêques et de nos prêtres.

On y verra

LA CHAPELLE DE L'ARMÉE

construite avec les offrandes de nos maréchaux, de nos généraux, de nos officiers, de nos soldats et de nos marins catholiques.

On y verra

LA CHAPELLE DE JÉSUS ENSEIGNANT

érigée avec les dons des maîtres et des élèves de nos écoles, de nos collèges, do nos universités catholiques.

On y verra

LA CHAPELLE DE JÉSUS OUVRIER

le modèle des artisans et des travailleurs de l'industrie, due aux généreux sacrifices que s'imposent nos ouvriers chrétiens, parmi lesquels on voit renaître nos corporations et nos confréries des siècles derniers.

On y verra

LA CHAPELLE DE SAINT ISIDORE

patron et modèle des agriculteurs, que se feront
un devoir et un honneur de construire nos bons
travailleurs des campagnes, parmi lesquels se sont
conservées, mieux peut-être que partout ailleurs,
les plus saines traditions de la France.

On y verra

LA CHAPELLE DE LA SAINTE FAMILLE ET LA CHAPELLE DE SAINTE ANNE

qui seront élevées par la généreuse munificence des
mères chrétiennes et des familles chrétiennes, ja-
louses d'avoir une place d'honneur dans le sanctuaire
du Sacré-Cœur.

On y verra les chapelles de saint Vincent de
Paul, de saint François de Sales, de saint Ignace,
de sainte Thérèse, de saint Dominique, de saint
François d'Assise, de saint Bernard et de saint
Benoît, patriarches de ces grandes familles reli-
gieuses appelées congrégations, instituts ou ordres
religieux, qui, depuis un demi-siècle, se multiplient
sur notre sol d'une manière merveilleuse, à travers
mille difficultés et malgré les présages de tempêtes
toujours menaçantes.

On y verra les chapelles des saints patrons et
protecteurs de la patrie : de la Sainte Vierge, Reine
de France, *Regnum Galliæ, Regnum Mariæ*; de
saint Joseph, patron de l'Église universelle ; de
saint Michel, l'ange gardien de la France ; de saint
Denis, premier apôtre de Paris ; de saint Martin, le
grand thaumaturge des Gaules ; de saint Remi, qui

a baptisé la France dans la personne de son premier monarque chrétien ; de sainte Geneviève, la gracieuse « marraine de la France (1) » ; de saint Louis, le type du vrai Français, du vrai chevalier, du vrai prince chrétien ; et de plusieurs autres saints auxquels la France est dévouée par un culte séculaire.

La France tout entière sera donc représentée, et, pour ainsi dire, concentrée dans la basilique du Sacré-Cœur, qui sera littéralement la plus haute expression, le symbole sacré, le monument authentique, le Temple auguste de l'UNITÉ NATIONALE, au point de vue chrétien.

Pour cela, il faut que le PLÉBISCITE DU SACRÉ-CŒUR réussisse... et il réussira.

Car l'unanimité des suffrages n'est pas nécessaire pour le succès d'un plébiscite : cette unanimité est moralement impossible, à cause du jeu de la liberté humaine et de l'effervescence des passions mauvaises. Mais la majorité des voix suffit, et cette majorité est acquise à la cause du bien, de la morale et de la religion. Trente millions de Français se sont fait inscrire sur les tablettes officielles comme catholiques. La grande majorité des Français est restée attachée par le fond de l'âme à la religion de nos pères, bien que tous ne la pratiquent pas. On peut affirmer hautement que la majorité des Français désire, veut et entend que la religion catholique, apostolique et romaine demeure la religion nationale. Qu'on mette cette question aux voix,

____

1. Comme l'appellent nos vieux chroniqueurs.

qu'on la soumette au suffrage universel, qu'on la propose au peuple français en forme de plébiscite, et l'immense majorité des citoyens, qui reçoivent du prêtre l'eau sainte du baptème, leur anneau nuptial et leur dernier pardon, émettra un vœu favorable aux droits de Dieu, à la cause de Jésus-Christ et de son Église.

Que dis-je? une voix éloquente le constatait naguère, notre plébiscite se renouvelle sans cesse à travers les âges et se fait journellement sous mille formes différentes :

« Il n'est pas une pierre de nos temples, pas une couche de nos maisons de charité, qui ne soit le vote d'une légion. Il n'est pas un signe religieux sur la tombe des morts qui ne soit le suffrage d'une tribu fidèle. La frivolité de la parure elle-même s'unit au signe de l'honneur pour parler comme la flèche des cathédrales. La croix d'or qui flotte au cou de nos filles, ou qui se fixe au cœur des braves, est un témoin immortel du règne libre de Jésus-Christ sur l'âme libre du peuple français.

« Eh quoi! pour quelques bulletins de plus tombés un jour dans l'urne politique..... croient-ils anéantir en un clin d'œil le plébiscite solennel de la vie entière d'un grand peuple? En vain invoquent-ils le suffrage universel, il les écrase par son démenti. C'est lui qui, répété chaque jour, durant quatorze siècles, par la vie ou la mort des multitudes, porté jusqu'aux extrémités de l'univers par la parole ou l'épée de tant de héros, proféré dans la langue des lettres et des arts par la voix de tant de génies, c'est lui, le vrai suffrage universel, qui, après Dieu, a sacré la France chrétienne et catholique pour toujours (1). »

Vous donc qui avez à cœur la régénération du pays par la religion et la foi, allez, courez, volez sur les ailes du zèle et de l'amour, prêchez partout le vote ou vœu national.

Oh! si nos pontifes, nos prêtres, nos religieux, nos vierges, nos dames chrétiennes, nos catholiques fervents, nos journalistes, nos orateurs, nos publicistes populaires, voulaient adopter et disséminer cette idée :

LE PLÉBISCITE DU SACRÉ-CŒUR

bientôt l'Œuvre du Vœu national deviendrait réellement une Œuvre nationale. Ce serait le moyen de faire une éclatante manifestation religieuse et d'avancer rapidement la construction du Temple National. De toutes parts arriveraient à Montmartre des adhésions et des offrandes, qu'on déposerait, comme des *bulletins de vote*, dans cette urne sacrée, le Cœur de Jésus. Et bientôt ce sanctuaire de l'unité nationale, après avoir germé silencieusement dans le sein de la terre et plongé profondément ses racines dans les entrailles du Mont des Martyrs, s'épanouirait comme une magnifique fleur éclose au soleil des temps modernes.

« Ce temple sacré s'élèverait rapidement comme

1. Discours de M. DE BELCASTEL, ancien sénateur, prononcé à l'Assemblée des Catholiques, le 22 mai 1880.

une immense Croix d'un nouveau Calvaire, étendant ses bras pour enserrer à la fois Paris, la France, l'Europe et l'Univers (1) ».

Construit sur ce mont arrosé par le sang de nos premiers apôtres, au déclin de ce XIXe siècle, témoin de nos agitations et de nos révolutions, juste à la hauteur de la croix d'or du Panthéon, qui brille à l'autre extrémité de Paris, sur la montagne de Sainte-Geneviève, ce monument sera debout là haut, en vue de tous, comme le drapeau de la paix, de l'union et de la fraternité, invitant les *deux Frances,* l'ancienne et la nouvelle, à cesser leur guerre fratricide, pour se réconcilier et s'embrasser dans l'amour du Christ.

De la coupole du Sacré-Cœur au dôme du Panthéon, la foi verra briller, au milieu de nos tempêtes sociales, un arc-en-ciel, sous lequel Paris se reposera dans la confiance en Dieu, avec le souvenir de ses paroles : « Lorsque le ciel se couvrira de nuages, vous verrez apparaître mon arc-en-ciel, et je me souviendrai de l'alliance éternelle que j'ai faite avec vous (2). »

Notre Temple national, austère diadème de la cité-reine, dominera la vaste enceinte de la grande ville avec tous ses monuments anciens et nouveaux : la vieille métropole de Notre-Dame et la Sainte-Chapelle, précieuses reliques des âges de foi, semblables, avec leurs tours et leurs flèches élancées, à des navires qui dorment paisiblement sur leurs

1. M. Paul Féval, le *Denier du Sacré-Cœur.*
2. Gen. IX.

ancres, au milieu des flots tumultueux de la cité ; Saint-Sulpice, la Madeleine et les temples grecs de la Renaissance, rappelant la date funeste où la France commença à dévier de ses traditions chrétiennes ; la Trinité, Saint-Augustin et nos récentes églises, édifices civils appropriés au culte, dont la beauté principale est la fraîcheur de leur jeunesse ; l'Opéra, qui, vu de Montmartre, ressemble absolument à un sarcophage antique : — le temple du plaisir, un tombeau ! grave sujet de méditation pour les pèlerins qui viendront prier dans la Basilique du Sacré-Cœur ! — les palais de l'industrie, les usines, les manufactures flanquées de leurs obélisques enfumés ; ces larges boulevards, ces avenues immenses, véritables artères par lesquelles la lumière, l'air, la vie, la santé, l'aisance et l'opulence circulent dans toutes les parties de la capitale.

Ainsi, notre divin Sauveur, assis dans son temple à Montmartre, comme un Roi sur son trône, verra Paris et la France à ses pieds. Étendant ses bras du haut de la montagne sainte, il paraîtra bénir sans cesse la vieille cité rajeunie, transformée, transfigurée par le progrès moderne. Son Cœur adorable restera toujours ouvert sur ces hauteurs, comme une intarissable source de bénédictions, d'où les flots de la grâce descendront sur la grande ville pour la purifier ou la sanctifier, et se répandront, comme un beau fleuve, dans dans toutes nos villes et nos campagnes, afin que tous les Français, convertis, régénérés par leur consécration au Sacré-Cœur, n'aient plus qu'un seul cœur pour aimer Dieu et s'aimer entre eux. Heureux temps où la France moderne, baptisée dans le sang du Sacré-Cœur, redeviendra une France chrétienne, harmonisant avec la loi de Dieu le progrès, la civilisation, les sciences et l'industrie, toutes les merveilles réalisées par le génie moderne !

Heureux âge où s'accompliront les divins oracles : « Je prépare toutes choses, » a dit Notre-Seigneur (1) : « la France sera consacrée à mon divin Cœur, et toute la terre se ressentira des bénédictions que je répandrai sur elle. La foi et la religion refleuriront en France par la dévotion à mon divin Cœur ! » Et l'on peut ajouter qu'avec la foi et la religion renaîtront en France l'union des esprits et des cœurs, l'ordre public, la tranquillité sociale et la stabilité politique.

Heureux jour où nous verrons restaurer au milieu de nous le Règne social de Notre-Seigneur Jésus-Christ ! *Adveniat regnum tuum.*

Déjà nous pouvons saluer l'aurore de cet avenir qui se lève sur les hauteurs de Montmartre. Car, à mesure que le

TEMPLE DE L'UNITÉ NATIONALE

sortira des entrailles de la colline et montera dans les airs, toutes ses pierres, ses colonnes, ses voûtes imposantes, ses majestueuses coupoles seront superposées les unes aux autres, comme une montagne

1. Paroles adressées par Notre-Seigneur, le 72 juin 1823, à la Mère Marie de Jésus, vénérable religieuse de la maison dite des *Oiseaux,* à Paris.

de *bulletins de rôle*, non pas écrits sur une feuille de papier, que le vent des révolutions déchire en morceaux et emporte dans un tourbillon, mais gravés dans le granit, le marbre et le bronze.

Et que signifieront ces millions de voix du suffrage universel? Elles ne cesseront de répéter, au nom de la France tout entière : « Nous voulons que le Seigneur Jésus-Christ reste

« Notre Juge suprême,
« Notre Législateur souverain,
« Notre Roi immortel! »

Dominus enim Judex noster,
Dominus Legislator noster,
Dominus Rex noster!

« C'est Lui qui nous rendra la concorde, la paix, la stabilité, la prospérité, la grandeur et la gloire! « C'est lui qui sera notre Sauveur! »

Ipse salvabit nos!

Amen! Amen! Amen!

Imp. de la Soc. de Typ. - J. Herren, 8, r. Campagne-Première Paris.